ES LÉGISLATIVES ET JUDICIAIRES

SUR L'ALGÉRIE

XXI

DE LA

NATURALISATION

DES

INDIGÈNES ET DES ÉTRANGERS

EN ALGÉRIE

PAR

UN MAGISTRAT ALGÉRIEN

Naturaliser, c'est nationaliser.

SETIF

IMPRIMERIE ET LIBRAIRIE DE V.e VINCENT

1863

ÉTUDES LÉGISLATIVES ET JUDICIAIRES

SUR L'ALGÉRIE

XXI

DE LA

NATURALISATION

DES

INDIGÈNES ET DES ÉTRANGERS

EN ALGÉRIE

PAR G. FRÉGIER

Président du Tribunal de 1re instance de Sétif

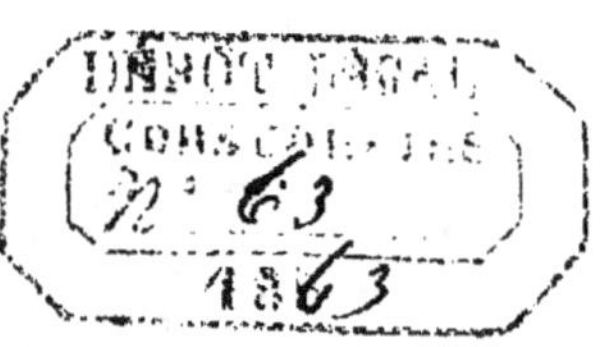

Naturaliser, c'est nationaliser.

SÉTIF

IMPRIMERIE ET LIBRAIRIE DE Vᵉ VINCENT

—

1863

PRÉFACE.

Après, ou, peut-être, en même temps que le *Cantonnement*, la *Naturalisation* est la *Question romaine* de l'Algérie.

Elle aussi rencontre, dans deux camps opposés, des impatiences irréfléchies — et des résistances obstinées.

Pour les uns, la Naturalisation, c'est l'affaire d'une loi ou d'un décret. Naturaliser collectivement Indigènes et Etrangers, c'est moins l'œuvre du temps et des circonstances que le fruit d'un acte législatif. — Le *Compelle intrare* de l'Evangile, interprété dans le sens d'une coërcition légale, telle est leur devise.

Pour les autres, la Naturalisation n'est et ne doit être que le fait de la volonté et de l'initiative personnelle. Ne leur parlez pas de naturalisation collective ! C'est là un rêve et rien de plus. Ce qu'il faut à l'Algérie, c'est une Naturalisation individuelle, récompense accordée à ceux-là seuls qui savent la mériter par les voies ordinaires. La législation française en matière de naturalisation, c'est là leur règle.

Les premiers veulent trop, les seconds, pas assez.

Ne serait-il pas possible, ne serait-il pas raisonnable de ne prendre absolument parti ni pour ceux-ci, ni pour ceux-là, et médiateur entr'eux, d'emprunter aux résistances des uns, quelque chose de cet esprit de prudence qui tient compte des traditions du passé et des besoins du présent, aux impatiences des autres quelque chose de cet esprit de progrès qui fait la part des aspirations et des nécessités de l'avenir?

Nous l'avons pensé. De là cette Etude.

Nous avons essayé (chose délicate et périlleuse!) d'y remplir le rôle de conciliateur, et de faire entendre à des advervaires acharnés, ce *tutum ac moderatum consilium* (1) de l'antique sagesse de Rome païenne, qui n'est, à tout prendre, que le *Compelle intrare*, appliqué à la naturalisation plutôt comme contrainte morale et influence civilisatrice, que comme injonction et contrainte légale.

Quelle sera donc, en matière de naturalisation, notre règle et notre devise?

C'est qu'après la conquête matérielle d'un peuple demi-barbare, le premier devoir comme le premier intérêt d'un peuple colonisateur, c'est sa conquête morale d'abord, puis sa conquête légale — par la colonisation, par la civilisation, par la législation; — par la colonisation qui apporte la civilisation, — par la civilisation qui prépare la législation, — par la législation qui consacre la fusion et l'identification du peuple vaincu avec le peuple vainqueur.

Or, tout cela, Colonisation, Civilisation, Législation, se résume pour nous en un seul mot : *Naturalisation!*

Vaste, difficile et magnifique sujet, que nous nous efforcerons de restreindre dans les plus étroites limites, et, sans lui rien ôter de sa grandeur, de simplifier et de mettre à la portée de tous les esprits!

Sétif, le 15 décembre 1862.

C. FRÉGIER.

(1) Tit.-Liv. *Hist.*

DE LA NATURALISATION

INDIGÈNES ET DES ÉTRANGERS

EN ALGÉRIE

I.

Prise dans son acception la plus générale et la plus large,
qu'est-ce que la naturalisation ?

C'est l'acte par lequel la loi, suppléant, autant que possible, à la nature, accorde à un individu qui n'était pas né
membre ou citoyen d'un peuple ou d'un Etat, les droits de
ce peuple ou de cet Etat.

Ces droits peuvent être purement civils, ou bien encore
politiques.

La naturalisation, c'est donc, suivant les cas, le baptême
politique ou civil qui, de par la loi, marque celui qui le
reçoit du sceau d'une nationalité que lui avait refusé la
Nature.

Oserais-je le dire ? La naturalisation, c'est la création
légale d'une nouvelle nature, civile et civique, d'une nouvelle patrie,— une renaissance nationale et patriotique.

Né Anglais, je deviens Français. L'acte qui me confère
les droits ou m'impose les devoirs d'un enfant de la France,

l'ensemble des avantages et des charges émanant de la qualité de Français, voilà ma naturalisation.

Autre exemple, plus local et plus personnel pour nous, habitants de l'Algérie :

A côté et au milieu de Français de naissance et d'origine, il y a, en Algérie, des Indigènes, musulmans ou juifs, et des Étrangers. Ni les uns ni les autres, bien que les Juifs viennent d'être qualifiés sujets français (1), n'ont été jusqu'ici proclamés Français (2), ou citoyens français. Eh! bien! que demain le législateur leur dise à tous : « A dater d'aujourd'hui, je ne vois plus en vous ni étrangers, ni indigènes, ni même de simples sujets de la France: vous êtes tous Français, ou citoyens français! » ce sera l'heure de la naturalisation Algérienne.

Cette heure n'est pas encore venue, mais elle approche. Elle approche à grands pas, et ne tardera certainement pas de sonner.

Depuis plus de trente ans, semblable à la Cité de Romulus aux premiers jours de sa naissance, l'Algérie a d'abord vécu comme elle sous l'empire d'un droit public et privé et d'une loi publique et civile, pleins d'hésitation et d'incertitude.— Puis, plus tard, et alors même qu'un peu de certitude et de fixité eut été apporté à sa législation, — comme Rome encore, elle dût se *nourrir* presque exclusivement d'un droit, à bien des égards douteux et indéterminé, de coutumes et de traditions plutôt que d'un droit précis et certain (3). — Plus tard encore, et même de nos jours,

---

(1) Arrêt de la Cour de Cassation du 16 avril 1862.

(2) Excepté dans un arrêt de la Cour d'Alger du 24 février 1862.

(3) L. 2. D. De Orig. jur. Et quidem initio civitatis nostræ populus, sine lege certa, sine jure certo, primüm agere instituit.... incerto magis jure et consuetudine ali quam per certam legem....— L'application de ce texte aux questions de forme d'actes, de procédure, de lois métropolitaines et promulguées pendant les premières années de la colonie algérienne, en donnerait la solution tout à la fois juridique et rationnelle.

quand la lumière s'est faite au sein du cahos législatif et juridique de l'Algérie, elle n'a pu ni en révéler toutes les incertitudes ni en dissiper toutes les ténébres, parce qu'on a trop dédaigné et on néglige trop d'associer à l'action, sûre peut-être, mais, sans aucun doute, trop lente du temps, la force de l'intelligence qui conçoit, et la puissance de l'initiative qui enfante. De là, il faut bien l'avouer, une langueur mortelle qui semble s'être emparée de tous les hommes qui de façon ou d'autre, devaient ou pouvaient amener en Algérie, l'avènement individuel ou collectif, graduel ou immédiat, total ou partiel, de ce progrès civilisateur qui, à lui seul, les embrasse et les résume tous : La naturalisation de l'Algérie,

Quin igitur expergiscimini? Il est temps de sortir de cette apathie !

On parle de cantonnement, — beaucoup pour l'applaudir ou le défendre, — peut-être pas assez pour le critiquer et le combattre ; on parle aussi, et espérons-le, on parlera encore, de constitution : on ne saurait trop en parler.

Mais la naturalisation, telle devrait être la grande, je dirais presque l'unique question algérienne à l'ordre du jour.

C'est qu'entendue comme nous l'entendons, elle serait le couronnement du cantonnement, la base de la constitution.

Qu'est-ce que le cantonnement sans la naturalisation ? Une mesure stérile, une scène sans personnages, une cause sans effet. — La France veut pour l'Algérie la *propriété* individuelle, sans doute, mais elle veut aussi et surtout, des *propriétaires* au titre français, des propriétaires français, — nés ou devenus tels.

Et qu'est-ce que la constitution sans la naturalisation, dont, moralement parlant, elle ne devrait être que la consécration solennelle ? — un mot vide de sens, un effet sans cause. La constitution ! mais pour qui, je vous prie, si ce n'est pour un peuple déjà français, ou en voie et à la veille de le devenir ?

Mais, cause ou effet, peu importe! La naturalisation, c'est la transformation, et, qu'on nous permette cette expression, la transubstantiation de l'Algérie. Par elle, une colonie s'assimile, par elle, elle se confond, par elle, elle s'identifie avec la métropole; par elle, l'Algérie, c'est la France, et la France, c'est l'Algérie.

Or, la France, c'est là sa mission, son honneur et sa gloire, la France veut l'unité, elle la veut pour elle, elle la veut pour ses colonies, elle la veut pour l'Algérie.

Unité de vues, unité de tendances, unité de moyens, unité de but — unité qui les représente et les embrasse toutes, — unité de législation.

Mais qu'est-ce à dire? sinon, unité de droits et unité de devoirs politiques, — deux unités qui en présupposent une troisième tout à la fois leur base, l'instrument, leur âme, — l'unité politique et civile des diverses populations de l'Algérie.

Or, cette unité supérieure, résultante logique, nécessaire, inévitable, de toutes les autres unités, qu'est-elle ?

Vous l'avez dit : la naturalisation !

Nous savons ce qu'elle est en général, examinons maintenant et en peu de mots, ce qu'elle doit être en Algérie, à qui, par quelles voies et sous quelles conditions elle peut y être accordée.

II.

Qui est dans les cas d'être naturalisé en Algérie ?

Cette question présuppose la solution de cette autre à laquelle il importe, avant tout, de répondre :

Y a-t-il plusieurs sortes de naturalisation ?

On l'a sans doute pressenti : Il y a deux espèces de naturalisation :

L'une, qui confère tous les droits civils ou particuliers à une nation, — le Droit civil proprement dit ;

L'autre, qui indépendamment de ces droits, accorde encore au naturalisé les droits politiques, et le rend ainsi pleinement participant et du droit civil et du droit public ou politique de cette nation.

La première n'ouvre à l'étranger que les portes de la Cité;

La seconde lui ouvre tout à la fois celles de la Cité et de l'Etat.

Celle-ci le fait asseoir au banquet du Droit qui régit les rapports des nationaux d'un pays entr'eux ; elle lui donne place à leur foyer domestique et jusque sur les bancs de leur Forum civil, ou quelquefois, comme en Algérie, municipal.

Celle-là le dote des avantages du droit qui gouverne les nationaux dans leurs rapports avec la Cité et l'Etat : elle l'introduit dans le foyer public d'un peuple, et jusque dans le sein de ses grandes Comices, de son forum politique et national.

Il y a donc une naturalisation politique et une naturalisation civile, une naturalisation totale et une naturalisation partielle, une grande et une petite naturalisation.

Autrefois, et peut-être même encore aujourd'hui, cette distinction avait sa raison d'être en France : jusqu'ici, elle n'en a pas eu en Algérie.

C'est qu'en Algérie, à la différence de ce qui exista et

sous quelques rapports, existe encore en France, là où il y eut élection, il y eut en même temps et en général, droit d'électorat et droit d'éligibilité.

Mais, remarquons-le bien, qu'il s'agisse de grande ou de petite naturalisation, nul ne peut l'obtenir sans être étranger.

Et, en effet, qu'est-ce qu'un étranger ?

L'Étranger, c'est tout individu qui n'appartient, à aucun titre, au corps politique ou à la nationalité d'un autre individu.

Je dis à aucun titre; car vis-à-vis de moi, vous pouvez être étranger — soit par un fait fatal, tel que la naissance ou la conquête — soit par un fait purement volontaire, tel que l'abdication de votre patrie d'origine ou d'élection, — soit par un fait fatal et volontaire, tel que le mariage qui, en tant que femme, confond votre condition nationale avec celle de l'étranger devenu votre époux, — soit enfin par un fait fatal, volontaire et légal, tel que le fait de votre naissance sur le sol de ma patrie, d'un père étranger, — si, à votre majorité, vous ne faites suivre ce fait d'une déclaration à l'instar de celle mentionnée dans l'article 9 modifié du Code Napoléon.

Dans tous ces cas et plusieurs autres, vous n'êtes pas Français comme moi : vous n'êtes pas mon conational; vous êtes donc pour moi un étranger, et, pour être ce que je suis, vous aurez besoin de le devenir par la naturalisation.

Maintenant, tout étranger est-il également éloigné de la naturalisation ?

Comme toutes choses humaines, et par suite relatives, la qualité d'étranger ou l'extranéité est susceptible de plus ou de moins, suivant qu'on l'enviasge sous tel ou tel aspect, eu égard à telle ou telle personne, à un point de vue plus ou moins absolu.

En voulez-vous la preuve ?

Vous avez quitté votre pays pour venir dans le mien, — l'Allemagne, par exemple, pour la France, — mais non pour y demeurer, pour vous y établir sans esprit de retour, ou avec la pensée d'y séjourner un nombre indéfini d'années. Vous n'êtes venu en France qu'en amateur, en voyageur d'un jour, en touriste. Evidemment, vous n'aurez pas perdu, et rien ne fera présumer que vous ayez voulu perdre votre nationalité d'Allemand.

Autre hypothèse : — Depuis plusieurs années, vous résidez en France, et rien n'indique que vous vouliez cesser d'y résider. — Vous y avez établi votre demeure habituelle, permanente; vous y êtes domicilié sans esprit de retour. — Il n'entrera dans la pensée de personne de vous placer sur le même rang qu'un simple touriste ou un simple passager sur la terre de France : vous serez regardé comme habitant de la France à perpétuelle demeure, *incola*, peut-être même comme régnicole, et, dans l'opinion de plus d'un jurisconsulte, cette qualité, sans absorber tout à fait celle d'étranger, vous vaudra de plein droit, *ipso facto*, la jouissance et l'exercice des civils qui appartiennent exclusivement aux Français ou aux Etrangers qui leur sont assimilés.

Troisième hypothèse : Vous n'êtes ni un voyageur, ni un touriste, « qui passe et qui n'est plus, » ni un industriel, un commerçant, ni un propriétaire, qui s'est fait l'habitant, le domicilié permanent de la France; vous êtes plus que cela ! Au fait de la résidence, ou de l'*incolat* ordinaire, vous avez joint l'intention d'arriver à cet incolat extraordinaire qui, en vertu d'une préalable autorisation du chef de l'Etat, vous fera admettre, sur votre demande expresse, parmi ces étrangers qui jouissent des droits de l'art. 13 du Code Napoléon, et à qui, pour être totalement Français, il ne manque que la naturalisation proprement dite.

Nous allons voir qu'entre ces trois catégories d'étrangers et l'étranger naturalisé, il s'en place une quatrième, celle de *sujet* de la France.

Cette condition singulière, nous n'aurons pas de peine à le prouver, est celle des Indigènes, musulmans ou juifs algériens.

Elle mérite d'autant plus d'être attentivement étudiée, qu'elle peut contribuer largement à nous faire comprendre la condition non moins intéressante des Etrangers en Algérie,

III.

Que nos lecteurs en prennent leur parti ! — Avant nos conclusions, nos principes. La Logique le veut, et la Logique qui n'est qu'une forme de la raison, c'est la reine du monde des intelligences et des idées. Continuons donc, et disons ce qu'est suivant nous le simple sujet de la France.

Sujet de la France ! *Sujet Français !*

Voilà un de ces mots à sens multiples, varié, élastique, comme en possède toute langue humaine (sans en excepter la langue française), parce qu'elle est tout aussi imparfaite, tout aussi impuissante à un point de vue rigoureux et philosophique, que l'homme qui la parle.

De là vient que souvent, pour exprimer les idées qui, loin d'être identiques, ne sont pas mêmes analogues entr'elles, elle ne peut employer qu'une seule et même expression, laissant à l'ensemble du discours, ou à la science, le soin d'en discerner le véritable sens.

Qui dit sujet de la France ou sujet français, dit soumis à la France, régi par la France, placé sous l'empire et la domination de la volonté, de la *loi* de la France.

Telle est assurément la signification originaire, grammaticale, usuelle, de cette locution.

Mais on peut de plusieurs façons être sujet d'un Etat ou d'une Souveraineté, et de plusieurs façons aussi on peut être régi par sa *loi.*

En principe, de même que l'Etat est un, la Souveraineté est une, une la sujétion, une la loi. Mais en fait, il n'en va pas, et il ne peut pas en aller toujours ainsi.

Et pour ne parler que de la *sujétion,* elle varie dans sa cause comme dans ses effets.

Vous pouvez être sujet d'un pays, ou par naissance ou

par une circonstance ou un fait étranger et à votre naissance et à votre volonté.

Etre naturellement politique et social, de même qu'être naturellement religieux, tout homme *venant en ce monde* appartient naturellement à un corps politique ou social quelconque, ou tout au moins à une corporation déjà formée ou encore à l'état d'embryon, — nation, peuple, famille, agrégation, sous n'importe quel nom, d'individus liés entr'eux par une communauté de sang, de sol, d'aspirations, des besoins, des lois et des mœurs.

Il n'est pas bon que l'homme soit seul. Là est l'explication de la destinée terrestre de l'Humanité, là, le point de départ de la vie domestique, politique et sociale de l'homme.

Mais de même que tout homme n'est pas membre de la même famille, de même il n'est ni ne peut être membre de la même nation ou de la même société politique.

Autre chose est la qualité de membre de l'humanité ou de la société du genre humain, — il suffit d'être homme pour cela, — autre, la qualité de membre de telle ou telle fraction de cette société qui s'appelle peuple, nation, état.

Pour cela, que faut-il encore ?

Il faut être *incorporé* à cet état, à cette nation ou à ce peuple ; il faut vivre de sa vie, agir de son action, et, comme Ruth à Booz, lui dire : « Ton Dieu, c'est mon Dieu, ton drapeau, mon drapeau, ta destinée, ma destinée ! »

Or, cette incorporation qui, sous un autre nom, n'est guères que la naturalisation, peut être comme elle, plus ou moins fatale, plus ou moins volontaire, plus ou moins forcée :

Fatale, si elle est le fait du hasard, de la naissance ;

Volontaire, si elle est le fait d'une abdication de la patrie ;

Forcée, si elle est la conséquence d'un *traité* ou d'une *conquête.*

Mais d'où qu'elle vienne, elle sera plus ou moins complète, plus ou moins intime, suivant que plus ou moins réelle, plus ou moins active, elle conférera les mêmes droits ou imposera les mêmes devoirs aux individus *incorporés* qu'à l'État *incorporant*.

Né ou réputé né Français, ma naissance me fait français. Mais ce fait ne me donne pas la jouissance des droits civils ou politiques de la France. Ce ne sera que plus tard, à ma majorité, quand je serai pleinement en possession de moi-même, *mei juris*, que je sera pleinement Français, partie intégrante et active de cette unité collective qui s'appelle la France, en un mot, *citoyen* français. — Pourquoi? parce qu'alors j'aurai la jouissance, plus l'exercice des droits civils et politiques de ma patrie.

Naturalisé français, je suis devenu ce que je n'étais pas, enfant civil ou même enfant politique de la France, suivant que j'ai obtenu la petite ou la grande naturalisation, et que j'ai la jouissance seulement ou, bien encore, l'exercice des droits civils et politiques du Français.

Conquis de la France, je lui appartiens, mais l'influence du sang, l'influence du sol, l'influence de la volonté n'est pour rien dans le lien tout physique, qui m'attache et me rive malgré moi à la France; — la force des armes, la puissance du glaive m'a entraîné, et non attiré, vers la France, m'a juxta-posé, moi, *vaincu*, et non uni, au *vainqueur*. Matériellement, et non moralement, forcément, et non volontairement, je compte pour un dans cette collectivité de fait plutôt que de droit *(universitas facti, non juris)* que le sort de la guerre a adjoint à la France, — sans la confondre avec elle. La France est moins ma mère que ma maîtresse; elle me retient près d'elle, mais elle ne me presse pas sur son sein; — je ne suis ni Français de naissance, ni Français d'adoption, — je suis indépendant de la France, je suis *sujet français*.

Qu'est-ce à dire? Sphère contiguë à la sphère de la nation française, je me meus dans son orbite, je subis son influence, ou, comme disait Siméon, je subis ses impressions, et suis emporté dans son mouvement; — mais je ne suis pas elle : je ne suis que son satellite.

Parlons sans métaphore. — *Vaincu, conquis,* mais non esclave de la France, (le droit chrétien de la guerre ne reconnaît pas l'esclavage), je continuerai à jouir du *droit des gens,* peut-être de mes *droits civils.* Mais pour moi, plus ne droit politique : ma nationalité est morte avec mon indépendance, dont ce droit était le corollaire, et quant aux droits civils ou politiques du Conquérant, je n'aurai désormais que ceux qu'il lui plaira de m'accorder.

Donc, et cette conséquence est irrésistible, donc, en tant que conquis et rien de plus, mon incorporation au peuple conquérant n'est qu'une incorporation de fait, partielle, passive ; à proprement parler, ce n'est ni une incorporation, ni une fusion, ni même une annexion de droit. — C'est une aggrégation, une juxta-position matérielle, un fait, qui, pour engendrer des conséquences civiles ou politiques aura besoin — de l'intervention, tantôt instantanée et immédiate, tantôt graduelle et progressive de la générosité du peuple conqué-rant ;—si toutefois le peuple conquis est prêt à recevoir le baptême de son droit et de sa nationalité, — ou de la lente, mais toute-puissante action du progrès et du temps, si le peuple conquis ne remplit pas encore toutes les conditions du cathécuménat juridique et civilisateur.

Ce sont là des principes incontestables, proclamés par la Raison, confirmés par le Droit, démontrés et constatés par l'Histoire.

Appliquons-les aux Indigènes de l'Algérie.

Cette application nous donnera la véritable clé du problème de leur naturalisation.

IV.

Arrivons à la dernière de nos prémisses. — Notre conclusion en découlera comme d'elle-même.

Nous venons de dire que l'incorporation d'un peuple à un autre peuple, ou — si vous aimez mieux, son absorption complète, tant politique que civile, tant intellectuelle que morale, — résulte, d'une part, de l'action du progrès et du temps sur celui-ci, et, d'autre part, de l'intervention d'un pouvoir généreux et initiateur de la part de celui-là.

Mais, cela va de soi, nous n'entendons parler que d'une action et d'une intervention utiles, opportunes, efficaces.

C'est dire en d'autres termes, que nous exigeons du peuple à incorporer, une prédisposition ou une préparation préalable, une certaine aptitude de rapprochement, d'assimilation, de fusion et d'identification avec le peuple incorporateur, et, si l'on peut ainsi parler, un certain déblaiement et une certaine culture du terrain sur lequel doit s'opérer cette incorporation, — déblaiement et culture qui constituent chez le peuple conquis la capacité tout à la fois matérielle et morale, active et passive, de devenir et de demeurer *incorporé* au peuple conquérant.

Sans cette capacité, pas de véritable incorporation possible ; sans elle, pas d'*union*, pas d'*unification* digne de ce nom : une *juxta-position* physique, un contact involontaire, tout extérieur, impuissant ; rien de plus !

C'est que la naturalisation, ne nous y trompons point, n'est pas chose facile. Enfantement politique et civil, elle est, comme tous les enfantements, le fruit d'une pénible gestation et de laborieux efforts. Et qu'elle soit individuelle ou collective, qu'elle s'opère dans une métropole, ou dans une colonie, comme tout but elle é au-dessus et au-delà de la région des vulgaires visées, elle est difficile à atteindre.

Malheur à qui voudrait parvenir jusqu'à elle, sans passer par la voie qu'indique le bon sens et que conseille l'expérience !

Il ferait fausse route ou resterait à mi-chemin.

Or, la seule voie infaillible et sûre qui mène à la naturalisation, n'est pas aussi courte qu'on pense.

Défiez-vous de ceux qui, entraînés par de trop philantropiques idées, ou séduits par de brillantes, mais dangereuses utopies, voudraient, à l'exemple de notre grande Assemblée Nationale, et de quelques publicistes-poètes, de notre temps, ouvrir à tout venant, et sous l'unique condition d'en frapper les battants, les portes de la Cité et de l'État, de la petite et de la grande naturalisation.

La nature ne fait rien par soubressaut. Que la Loi imite la Nature ! Nous aussi, nous voulons pour tous les Indigènes et pour tous les Étrangers de l'Algérie, la qualité de *français*, bien plus, la dignité de *citoyen français !*

Mais nous les voulons, en tant que la *collation* ou l'octroi de l'une et de l'autre sera utile et opportune pour la France et pour l'Algérie, rationnelle et possible pour les Étrangers et les Indigènes.

Quelle est donc la voie la plus simple à suivre en Algérie pour arriver à la naturalisation ?

Ou, ce qui est la même chose, que demander tout d'abord de ceux qui sont appelés à en jouir ?

C'est bien évident qu'ils *soient*, ou se mettent en état de *devenir capables et dignes* d'en recevoir ou d'en obtenir le bienfait.

Et, en effet, que serait la naturalisation sans la préexistence ou la préacquisition de ce qui peut et doit rendre *naturalisable*, de ce qui est l'élément essentiel, la condition *sine quâ non* de la naturalisation, — sans un état d'intelligence, de volonté, de mœurs, d'habitudes, d'aspirations et d'intérêts *similaires* ou identiques, à l'état d'intelligence, de volonté, de mœurs, d'habitudes, d'aspirations et d'inté-

rêts du peuple dont le candidat à la naturalisation veut prendre la nature et épouser les destinées ?

La naturalisation, c'est plus que la colonisation du *sol*
conquis. Maître du sol, le conquérant n'a encore rempli que
la moindre partie de sa tâche. Il lui reste à devenir maître
de ses habitants, sans les faire esclaves, sans même les
rendre ses tributaires ou simplement ses *sujets*, mais en
les façonnant à son image, en les adoptant au nombre de
ses enfants, en s'appropriant, pour se les unir et se les
identifier, tous ses éléments de progrès et de civilisation,
de manière à pouvoir dire de lui un jour : Ce peuple et
moi ne sommes qu'un seul et même peuple.

La naturalisation, c'est la conquête *morale* du peuple naturalisé, c'est la colonisation, non seulement du sol, mais
encore du sang et de l'âme de ce peuple, c'est son unification avec le peuple naturalisateur.

Mais, je vous le demande, est-ce là l'œuvre d'un jour ?
Et en dehors des enseignements de l'histoire, le plus élé-
mentaire bon sens ne dit-il pas que, pour être sérieuse et
durable, cette œuvre demandera le concours de ce progrès
providentiel et fatal de toutes choses créées qui est l'effet
du temps, et de ce progrès humain et volontaire, qui est
le fruit d'une intelligente direction, d'un pouvoir tutélaire et
initiateur ?

Tout dans l'humanité a son côté fatal et libre : ainsi en
est-il de la naturalisation.

On peut dire d'elle ce que Bacon disait si pittoresquement
et avec tant de raison des colonies : elle est une *plantation*
d'hommes ; non cette plantation d'hommes physiques que
les Romains nommaient *deductio*, sorte de translation sur
un sol exotique et jusque-là étranger, d'hommes tirés, *dé-
duits* de la métropole, mais cette plantation de personnes
morales et juridiques, qui est moins une plantation d'enfants
de la mère-patrie, qu'une greffe de ses enfants sur l'arbre
de la population autochtone d'une colonie, moins l'ouvrage
de la nature que celui de la loi, *(factio)*, moins une créa-

tion de ce qui n'était pas encore, qu'une transformation de
ce qui était déjà.

Certes, nul n'osera le contester, c'est là une œuvre ardue, d'autant plus malaisée que, comme en Algérie, elle
doit s'accomplir, à côté d'étrangers venus de tous les coins
du monde, et plus ou moins initiés à la civilisation française,
sur des *naturels* que nul courant, je dirais presque nulle effluve de l'atmosphère des nations chrétiennes n'avait encore
pu toucher.

Et qu'on ne dise pas que, grâce à la civilisation islamique
ou israélite, les naturels algériens n'étaient pas de tous points
réfractaires à la civilisation de la France !

Je vous l'accorde : mais vous m'accorderez aussi qu'il est
tel édifice dont la réparation est bien autrement difficile que
sa construction elle-même.

Or, tel était l'édifice de la civilisation de la Régence.

Sans doute, dans une pareille colonie, la métropole aura
peut-être moins à créer que dans celle où jamais ne pénétra le souffle d'une civilisation quelconque ! Soit ! mais ne
faites-vous donc aucun cas de ce qui lui restera à faire, à
défaire, ou à refaire ?

Avouez-le, là où il n'est pas possible de faire table rase
du passé, de la religion, des coutumes, des préjugés, des
traditions du peuple conquis, il faut, bon gré mal gré, que
le peuple conquérant se résigne à compter avec lui. Il faut
qu'il commence par l'étudier, l'observer, reconnaître les lois,
les mœurs et les tendances de ce peuple ; qu'il continue par
l'incliner insensiblement d'abord, puis par l'initier doucement, graduellement, sagement à ses propres mœurs, à ses
propres lois, et après cela, qu'il finisse par le proclamer
semblable à lui, un autre lui-même. Ménager ses préjugés
avant de chercher à les détruire, respecter ses préventions
et même ses erreurs, avant de s'efforcer de les dissiper et
de les combattre : ce n'est pas tout, éclairer son intelligence, gagner son cœur ; par ses lumières et par ses bienfaits l'attirer vers lui, le mêler à sa vie, l'entraîner dans

la même sphère d'action, d'intérêt, d'inspirations et d'espérances, et l'engendrer ainsi à ses idées, à ses mœurs, à ses lois, à sa civilisation, voilà le droit, voilà le devoir, voilà le rôle d'un conquérant civilisé et initiateur! C'était le droit, le devoir et le rôle de la France.

Mais tout cela, on le comprend sans peine, devait être et a été l'œuvre du temps et du pouvoir; ce que le pouvoir commença en 1830, le temps l'a poursuivi et ne tardera pas de l'achever.

Or, quelle a été leur part respective d'action dans le mouvement de naturalisation qui s'est produit en Algérie depuis la Conquête jusqu'à nos jours?

C'est ce qu'il s'agit maintenant d'examiner. Un rétrospectif et rapide coup-d'œil sur l'histoire de notre colonie va nous montrer en même temps quel a été le point de départ de ce mouvement, quelle en a été et doit en être la direction et la marche, quel en sera le point d'arrivée.

C'est par là que nous terminerons notre travail.

V.

Nous écrivons pour le public, et spécialement pour le public algérien, et nous savons que ce public lit peu et vite.

Trève donc de dissertation juridique, et, puisqu'il le faut, au lieu de bornes milliaires, ne plantons que de faibles jalons!

Procédons dogmatiquement, par affirmations et par déductions laconiques, sentencieuses, mais défiant toute dénégation sérieuse, tout doute raisonnable et sensé.

Il est deux moyens de naturaliser les habitants — Indigènes et Étrangers — d'un pays récemment conquis, — quand ce pays n'a pas encore atteint un suffisant degré d'initiation aux mœurs et aux lois du peuple conquérant.

La Civilisation et la Législation : la civilisation pour les Indigènes, la législation pour les Étrangers — et pour les Indigènes.

A ces deux moyens, nous pourrions en ajouter un troisième, source féconde de l'un et de l'autre : la Religion.

Or, chacun d'eux a son moment et son heure.

Trop de civilisation serait un péril politique; trop de législation, une chimère juridique.

Unis ou séparés, il faut les mettre en œuvre dans une juste mesure.

C'est ce qu'a compris et ce qu'a fait la France en Algérie.

Voyez d'abord quelle a été, dès 1830, sa conduite envers les Indigènes de toutes les classes. Musulmans et Israélites!

A l'exemple de Rome, et à son propre exemple, la France, dans une Capitulation qui, pendant un laps de temps indéterminé, devait être la Charte des Indigènes, s'engagea généreusement à maintenir et conserver leur religion et leur législation, leur statut personnel et leur statut réel, leur autonomie religieuse et civile, et des trois choses qui constituent une Nationalité : le Temple, le Drapeau, le Code, elle n'ôta aux Musulmans que leur drapeau, ce symbole de la souveraineté politique. Quant aux Israélites, ils avaient perdu le leur du jour où « le sceptre était tombé des mains de Juda. »

Voila donc les Indigènes de l'ancienne Régence conquis par la France, mais, après comme avant la Conquête, continuant à être régis, les uns par le Coran, les autres par la Bible.

En sera-t-il toujours ainsi ? Non, certes ! La France qui, pour parler la langue de Montesquieu, sait stipuler au nom et pour le compte du genre humain, la France ne conquiert pas pour *conquérir*, mais pour *civiliser*, et, en civilisant, s'assimiler les peuples conquis. Ce qu'elle aime le plus d'un peuple, ce n'est pas son sol, c'est son âme, son esprit et son cœur !

Donc, à mesure qu'elle consolidera sa conquête matérielle, elle dirigera tous ses efforts vers cette conquête intellectuelle et morale qu'elle doit cimenter par sa *pensée* et couronner par son *Droit*. Ici, par des mesures purement administratives, là, par quelques-unes de ses institutions ; ailleurs, par de légères modifications ou des dérogations insensibles à la forme, plutôt qu'au fond de certaines parties du système judiciaire et des coutûmes, sinon des lois, des Indigènes — partout, par une plus ou moins large initiation de ces Indigènes à ses habitudes, à ses mœurs, à ses aspirations, à sa justice, elle hâtera lentement, je l'avoue, mais efficacement, leur avènement, par la civilisation, au premier degré de cette naturalisation dont, à leur insu, elle les rendra artisans, après en avoir fait ses collaborateurs.

Ainsi s'explique, de 1830 à 1834, de 1834 à 1842, et principalement de 1842 à 1860, l'assimilation judiciaire, restreinte à l'origine, puis, de plus en plus illimitée, des Israélites avec les Français ; ainsi s'explique encore leur assimilation légale avec nous, sur plus d'un point ; ainsi, l'on la différence profonde, qui, sous ce double rapport, sépare l'Israélite du Musulman, en Algérie.

C'est qu'en effet, tandis que l'enfant d'Abraham, imitant, autant qu'il est en lui, ses frères de France avant le décret du 17 mars 1808, ne s'oppose pas à ce que le vainqueur abaisse, pour la supprimer plus tard, toute barrière, entre sa loi et celle de Moïse, qui ne serait pas essentiellement religieuse, — marchant ainsi à grands pas vers son *unification* avec la France, — le disciple de Mahomed, hermétiquement parqué, comme dans un cercle inflexible, dans les limites d'une loi dont il s'obstine aveuglément à confondre, en un mystérieux et indissoluble hymen, l'élément religieux et l'élément civil, se résigne avec peine à l'exercice, par des juges français, d'un droit de révision sur les sentences de ses cadhis, — droit qui, on le conçoit, ne permet à ces juges, et cela, après une conquête de plus de trente ans, qu'une influence toute civile, toute indirecte, toute accidentelle, sur la population musulmane.

En deux mots, l'Israélite est presque en toutes choses, même en législation, *assimilé* ou à la veille d'être assimilé au Français ; le Musulman, au contraire, lui est tout au plus *assimilable*. L'Israélite est un Français presque achevé, le Musulman, un Français à peine commencé. — Pour le premier, le vœu du Gouverneur de l'Algérie, en 1834, « Que les Indigènes deviennent Français ! » n'a pas été stérile. Pour le second, il est resté à peu près impuissant.

Mais, assez sur les Indigènes ! Et les Etrangers, qu'en est-il ?

L'étranger, lui, l'étranger européen, préparé de longue main à la civilisation de la France, par la civilisation de l'Europe et de son pays, n'avait pas, comme l'Indigène, à franchir l'étape préliminaire d'un apprentissage et d'un cathécuménat, pour recevoir le baptême de la naturalisation française. Civilisé et capable d'être Français, il n'avait pour le devenir, qu'à s'en montrer digne, en remplissant certaines conditions de fait et de droit exclusives de tout doute sur la sincérité de son désir d'être proclamé fils adoptif de la France.

Aussi, aucun texte de la législation algérienne, sauf le décret mort-né, pour ainsi dire, du 20 mars 1848, ne s'est-il occupé de sa naturalisation, — comme si la situation exceptionnelle de l'Etranger, en Algérie, n'avait pas commandé une exception au droit commun de l'*extraneité* en France !

C'est dire qu'à la différence des Indigènes, qui ne sont ni ne peuvent être réputés Etrangers, les Etrangers en Algérie, bien qu'appelés, en général du moins, à jouir judiciairement et légalement des droits civils du Français, et, à certains égards, des droits de citoyen français, ne sont ni *Français*, ni *citoyens* français, pas même *sujets* français ; en sorte que ne jouissant guère que des droits civils émanant du Droit des gens modifié, ils ne sont, à tout prendre, que de simples *habitants* de la France algérienne, et, pour me servir d'une expression romaine, les *incolæ* de l'Algérie.

Que conclure de tout ceci? Que bien évidemment, nul pour l'Etranger, presque nul pour le Musulman, le mouvement de la naturalisation algérienne, n'a été véritablement sensible, jusqu'ici que pour l'Israélite, qui seul a reçu les *bienfaisantes impressions* du temps et du pouvoir.

Que reste-t-il donc à faire pour commencer, poursuivre, ou achever l'œuvre de la naturalisation du Musulman, de l'Israélite et de l'Etranger ?

— Quelque chose pour l'Israélite, beaucoup pour le Musulman, tout ou presque tout pour l'Etranger !

L'Israélite, pour être français demain, n'a qu'à dire aujourd'hui, par la bouche d'un Sanhédrin algérien, ce qu'en 1808 proclamèrent par l'organe du Sanhédrin français les Israélites de France : — Pour moi, plus d'autres lois civiles, plus d'autres statuts *personnels* ou *réels*, que la loi et les statuts de la France ! Qu'il dise cela, et sa naturalisation est faite !

Or, nous pouvons l'affirmer, cette grande et solennelle parole, la France n'a qu'à la demander collectivement aux

Israélites algériens; ils s'empresseront de la lui faire entendre.

Mais, qu'on y prenne garde ! Si nous demandons pour l'Israélite la naturalisation collective, nous ne voulons pas pour cela d'une naturalisation *forcée*. — Le nouvel article 9 du Code Napoléon l'atteste : la France offre et accorde de grand cœur, mais n'impose jamais ses bienfaits; Libre donc à l'Israélite de refuser la naturalisation ; mais alors qu'il le déclare ! Si non, qu'il soit légalement et invinciblement présumé avoir accepté avec gratitude, un bienfait qui, pour lui surtout, est en même temps un honneur et une dignité !

Craindrait-on, comme autrefois, que la porte de la cité française, une fois ouverte aux *Juifs* d'Algérie, nos fonctions publiques, administratives, judiciaires ou autres, fûssent envahies par eux à tous les degrés, — ou bien encore que la qualité de Français ne perdît de sa considération et de son prix aux yeux du Musulman, habitué à mépriser l'Israélite ? Eh bien! j'y consens! Formulez donc quelques réserves, établissez quelques restrictions aux droits attachés à cette qualité ! Mais cette qualité, conférez-la à cette partie de la population algérienne, aussi apte à jouir des droits que prête à accomplir les devoirs des Français! Vous ferez acte de sagesse, ne fût-ce qu'en stimulant ainsi l'apathie proverbiale des Musulmans pour tout ce qui touche à l'adoption de la civilisation ou de la législation des *Roumis*.

A l'égard des Musulmans, il ne saurait être de longtemps question de naturalisation collective, si ce n'est peut-être pour ceux d'entr'eux qui les armes à la main, ou autrement, et sauf, bien entendu, déclaration contraire, (*invito beneficium non datur*) se seraient rendus dignes de cette distinction. — Chez eux, en général, la civilisation française n'est pas encore assez développée. Mais nés et domiciliés en Algérie, attachés par leur famille, par leur fortune, par leurs espérances, à cette terre qui fut leur berceau et qui doit être leur tombe, il est juste qu'ils puissent, s'ils le veulent, participer au bénéfice de la Cité française, — mais individuellement, et après avoir prouvé qu'ils sont plus attachés à l'Algérie qu'ils ne l'étaient à la Régence d'Alger, et qu'ils comprennent les droits et les devoirs inhérents à ce *bénéfice*. Plus tard, quand les masses musulmanes, plus et mieux façonnées à notre civilisation, seront mûres. elles aussi, pour la naturalisation collective, la France, toujours heureuse de son inépuisable fécondité, loin de ne voir en elles que des *sujets* de sa souveraineté *politique*, y verra encore des sujets de ses lois ou de sa souveraineté *civile*, ou plutôt de nouveaux enfants.

Alors se réaliseront, tant pour les Israélites que pour les Musulmans d'Algérie, ces prophétiques paroles de Michel Lhospital : La France aura des citoyens qui n'étaient pas chrétiens : *Erunt cives qui non erant christiani !*

Laissons faire le *Temps !* Aidé du *Pouvoir* de la France, et de ses milles influences sur la population musulmane, — par son Administration, par son Enseignement, par sa Justice, etc. ; — tôt ou tard, il accomplira son œuvre, sans bruit, sans secousse, par cette force des choses, *vis divina*, tout aussi inexorable et irrésistible que le *Fatum* antique, et qui, sourdement, mais sûrement, enveloppe, mine de toutes parts l'édifice vermoulu d'une civilisation qui s'en va, et d'une législation qui chancelle.

Quant aux Étrangers, la naturalisation est bien autrement facile pour eux que pour les Indigènes. Le Temps n'y est presque pour rien, et le Pouvoir peut et doit y compter pour tout.

Mêlés, confondus, unis par une communauté fraternelle d'intérêts et de vues, par une communication entière du *droit des gens*, et partielle du *droit civil*, à notre vie, à notre mouvement et à tout notre être, gardons-nous d'exiger d'eux, l'autorisation préalable d'établir leur domicile en Algérie, — l'établissement effectif de ce domicile, — un stage de cinq ans pour obtenir des lettres-patentes de naturalisation ! — A quoi bon cette naturalisation, ce domicile, ce stage ? Pour attester l'*intention* chez l'Etranger de se faire incorporer à la France ? — Mais *cette intention* no résulte-t-elle donc pas avec évidence de ce *fait* que l'Etranger, emportant, en quelque sorte, sa patrie à la semelle do ses souliers. a posé son pied, planté sa tente, établi son foyer sur le sol de l'Algérie? — Que vous faut-il de plus ? La preuve qu'il a perdu tout *esprit de retour?* Mais en est-il de plus concluante que cette motte de terre qu'il a arrosée de ses sueurs, peut-être même de son sang, que cette maison qu'il a bâtie, que cette industrie qu'il a fondée, que cette union qu'il a contractée avec une Française, etc., etc. ? N'en est-ce pas assez pour vous convaincre que désormais, Français par le *sol* et Français par le *cœur*, cet Etranger est pour le moins *aussi* Français, et mérite tout autant d'être déclaré tel par la loi, que celui qui ne l'est que par naissance, — que son père d'ailleurs soit Français, ou simplement né en France?

Qu'on se rappelle ce que nous avons dit plus haut sur la déclaration contraire à la présomption légale de naturalisation ! A nos yeux, l'Etranger devrait être, à cet égard, traité de la même manière que l'Indigène.

Déjà la loi du 22 janvier 1851, qui a modifié *extensivement* l'art. 9 du Code Napoléon, et qui suivant nous, est incontestablement applicable aux Etrangers, peut-être même aux Indigènes de l'Algérie, nous prépare une riche moisson de Français. Mais à l'heure qu'il est, elle ne peut encore nous donner que la seconde génération de *nos* Etrangers, celle de leurs petits-fils. Or, nous voudrions que, *facilitant* le plus possible leur naturalisation, une nouvelle loi nous donnât, en outre, et les fils et les pères. Cette loi n'aurait qu'à s'inspirer de celle du 21 novembre 1859, et à déclarer que tout étranger majeur, autre que le commerçant, qui se sera établi en Algérie sans esprit de retour, sera, sauf déclaration contraire, présumé Français et réputé tel.

On a dit que l'Algérie est une terre française. Oui, elle

l'est par le droit de la guerre, politiquement et internatio-
nalement. Qu'elle le soit par le droit de la paix, civilement,
judiciairement, législativement, non seulement pour les
Français de naissance, mais encore pour les Français
d'adoption, pour les Indigènes, et avant tout, pour les Européens!

Civiliser et, par là, naturaliser; naturaliser, et, par là,
nationaliser : — telle est la vraie formule de l'avenir de
l'Algérie.

Exprimons, en finissant, un regret qui, au besoin, sera
notre excuse et notre justification.

Faute de temps, à peine avons-nous pu crayonner, au
pas de course, ces lignes sommaires d'un travail d'ensemble
sur la naturalisation algérienne. Etrange situation que celle
qui, en face d'un problème aussi important que multiple
et ardu, place, pour ainsi dire, un écrivain consciencieux,
entre le vœu de Caligula et le procédé de Procuste, entre
le besoin de tout dire en un seul mot, et le danger de
mutiler l'intégrale expression de sa pensée!

Mais au moment où un projet de sénatus-consulte vient,
dit-on, d'être déposé au Sénat saisi de toutes les questions
relatives à la constitution de l'Algérie, — au moment surtout
où une *Lettre* émanant d'une auguste main, vient de donner
naissance à d'alarmants et, nous aimons à l'espérer, erronnés
commentaires sur l'avenir de la naturalisation des habitants,
et de la nationalisation du sol de l'ancienne Régence d'Alger,
nous était-il permis de consacrer de longs et probablement
posthumes développements à un travail qui, si imparfait
qu'il soit, contribuera peut-être, mais à la condition d'être
employé à temps, et seulement à l'instar d'un humble grain
de sable :

A l'édification d'une constitution depuis si longtemps pro-
mise, toujours si ardemment désirée, et par elle, nous l'es-
pérons bien, à la conservation de « la plus belle de nos
propriétés nationales. »

Au maintien « d'une glorieuse conquête, prix du sang et du courage de notre armée. »

A la continuation et à l'achèvement de « cette œuvre de colonisation confiée aux *hardis* français d'Algérie et qui doit être et sera l'une des gloires du second Empire! »

A la civilisation « d'un sol assimilé au sol même de la France.»

A « l'extinction de toute résistance anti-civilisatrice et anti-colonisatrice par l'assimilation et le développement d'une civilisation supérieure. »

A « l'amoindrissement progressive et à la disparution graduelle de l'influence des grands chefs indigènes. »

A « la création pour les arabes de la propriété personnelle. »

A « l'émancipation successive des hommes et des intérêts indigènes et étrangers. »

En un mot, à la *naturalisation* française de tout le sol et de tous les habitants de l'Algérie (1).

> *... Ardet Ucalegon !*

Quand le feu dévore ou menace de dévorer la maison de votre voisin, quoi de plus naturel pour vous que de concourir à l'éteindre, dans les limites de votre pouvoir et n'importe par quel moyen, ne fût-ce qu'avec un verre, — ou moins encore, — avec la plus petite goutte... d'eau?

Sétif, le 3 mars 1863.

(1) Instruction du prince Napoléon, ministre de l'Algérie et des Colonies, sur l'application du décret du 31 août 1858. Dict. de M. de Ménerville, 2ᵉ édit. p. 87. V. l'*Appendice* ci-contre.

APPENDICE.

Soldats ! la gloire que vous avez acquise en conquérant à la France *la plus belle de ses propriétés nationales*, est un titre impérissable à la reconnaissance de la République. (Proclamation du Gouvernement provisoire à l'armée d'Afrique, 2 mars 1848.)

Soldats! votre attitude, votre discipline, votre dévouement, assurent à la France la sécurité complète de l'Algérie, cette *glorieuse conquête prix de votre sang et de votre courage.* (Proclamation du Gouverneur Général Pélissier à l'armée, 7 décembre 1851.)

Colons de l'Algérie, la République défendra l'Algérie *comme le sol même de la France.* (Proclamation du Gouvernement provisoire aux Colons de l'Algérie, 2 mars 1848.)

Habitants de l'Algérie!... Le trône que vous avez contribué à relever, vous continuerez à le défendre. Vous le soutiendrez à la fois par votre dévouement au Souverain que viennent de saluer d'unanimes acclamations et par votre persistance dans *l'entreprise qui vous est confiée,* dans *cette œuvre de colonisation* qui *sera l'une des gloires du nouveau règne* ! (Proclamation du général Randon au sujet du rétablissement de l'Empire. 5 décembre 1852.)

Le territoire de l'Algérie et des Colonies, est déclaré *territoire français.* (Art. 109 de la Constitution du 4 novembre 1848.)

Citons enfin, ne fût-ce que pour rassurer plus d'un esprit contre certaines interprétations sans doute trop alarmistes de la *Lettre de l'Empereur,* du 13 février 1863, le passage suivant d'un rapport du prince Napoléon, alors ministre de l'Algérie et des Colonies, à S. M. l'Empereur :

« Préoccupé des progrès de ce pays, l'Empereur veut que tout en continuant d'assurer au moyen d'une armée suffisante la soumission des arabes et leur tranquillité, son gouvernement *ait pour principal but la colonisation...* Dans l'Inde, le gouvernement s'exerce *par l'intermédiaire des chefs indigènes* en éloignant la *colonisation;* aux États-Unis, l'établissement des européens s'est fait par l'extermination ou l'expulsion des Indiens. Rien de semblable ne peut se faire en Algérie Nous avons une race belliqueuse à contenir et à *civiliser,* une population d'émigrants à attirer, *une fusion de races* à obtenir, *une civilisation* supérieure à développer. Nous sommes en présence d'une nationalité armée et vivace qu'il *faut éteindre par l'assimilation* et d'une population européenne qui s'élève. »

Ce rapport fut suivi du décret conforme du 31 août 1858.

Sétif. — Impr. V⁰ VINCENT.